غضب السحابة الصغيرة

الحبيب مزيني (تأليف)

ألكسي لوجيا (رسوم)

Die Wut der kleinen Wolke

Eine Geschichte
aus der Wüste

Habib Mazini (Text)

Alexis Logié (Illustrationen)

Aus dem Arabischen
übersetzt von Imke Ahlf-Wien

Edition Orient

Wie immer schwebt die kleine Wolke auf der Suche nach neuen Aussichten über Menschen und Tieren am Himmel dahin. Sie schwingt sich hoch in die Luft, macht sich lustig über die emsigen Ameisen oder bemitleidet die schwer beladenen Esel und erschöpften Maultiere. Über die Pferde und Kaninchen, die einfach nicht aufhören wollen zu rennen, muss sie lachen, so lustig sieht das von oben aus.

تَسكَّعَتِ السَّحابَةُ الصَّغيرَةُ كَعادَتِها طَوالَ النَّهارِ فَوْقَ الْعِبادِ. قَضَتْ أَوْقاتَها في اللَّعِبِ والتَّجْوالِ، تائِهَةً في السَّماءِ بَحْثًا عَن مَناظِرَ جَديدَةٍ. وبَيْنَما هِيَ تُحَلِّقُ في الأَجْواءِ العُلْيا اسْتَهْزَأَتْ مِنَ النَّمْلَةِ الجادّةِ في العَمَلِ الدَّؤوبِ، وأَشْفَقَتْ عَنِ الحمارِ والبغلِ المُنهَكينِ تَحْتَ حَمولَتِهِما الثَّقيلةِ وسَخِرَتْ مِنَ الحصانِ والأرنبِ اللذينِ لا يَتَوقَّفانِ عن العَدْوِ.

Manchmal trifft sie auf andere Wolken und gesellt sich zu ihnen. Dann spielen sie zusammen Verstecken, wobei die Berge und Schluchten als Schlupfwinkel dienen, oder sie spielen Autoskooter und rammen sich gegenseitig. Das macht Spaß und sie genießt diese fröhlichen Momente. Nur wenn sich riesige, schwarze Regenwolken zusammenballen, dann fliegt sie schnell weg. Vor ihrem Anblick graust es ihr, sie machen ihr richtig Angst. Dann zieht die kleine Wolke viel lieber ganz allein wie ein Falke hoch am Himmel ihre Kreise.

أحيانًا تُصادِفُ سُحُباً أُخرى فتُشارِكُها في اللَّعبِ فَوقَ السُّهولِ والجبالِ التي تَتَّخِذُها مَخْبَأً، شَأنُها في ذلِكَ كشَأنِ الأطفالِ الصِّغارِ عِنْدَ مُمارَسَةِ لُعْبَةِ الغُمَّيْضة أو تَصْطدِمُ فيما بينها وكأنها سيّارَاتُ السِّركِ الكهربائيّة. تَقْضي صُحبَتَهُم لَحَظاتٍ عَذبَةً تُمازِحُهُم وتُشاطِرُهُم هَـذِهِ الأَوْقَاتَ المُمْتِعَةَ، لَكِنْ سُرْعانَ ما تَنْعَزِلُ، خاصَّةً عَنْ تِلْكَ السُّحُبِ السَّوداءِ المُمْطِرَةِ التي تُقلِقُ خاطِرَها و تَشْمَئِزُّ مِنْ رُؤْيَتِها. فهي تتجول مجتمعة عكس السحابةِ الصَّغيرَةِ التي اعتادَت أَنْ تَتَجَوَّلَ منعزلة كمِثْلِ الصَّقْرِ في أعالي السَّماءِ.

Die kleine Wolke
ist für ihr Leben gern unterwegs,
bleibt dabei aber immer vom Wind
abhängig. Mal schubst er sie grob, mal
sanft, wohin er will. Obwohl die kleine Wolke
die Richtung nicht selbst bestimmen kann,
macht ihr das Reisen Spaß. Manchmal gerät
sie geradezu ins Trudeln, als würde sie schwimmen.
Eines Tages treibt der Wind sie entgegen seiner
Gewohnheit in Richtung Süden. Dort sieht sie Vieles,
was sie noch nie zuvor gesehen hat: Kein Grün, keine
Pflanzen, alles ist trocken und öde! Daran muss sie sich
erst gewöhnen. Beim Näherkommen hört sie plötzlich eine
flehende Stimme. Eine von den Sonnenstrahlen ausgezehr-
te Pflanze stöhnt vor Durst. Sobald die kleine Wolke bei ihr
angekommen ist, öffnet sie ihren Wasserspeicher, kann
aber nur ein paar magere Tropfen herauspressen. Die un-
glückliche Pflanze ist dennoch wie neu belebt.

كانَتِ السَّحابَةُ الصَّغيرَةُ وَلوعَةً بِالسَّفَرِ وَالتَّجْوالِ، لَكِنَّها تَبْقَى رَهينَةَ الرِّياحِ الَّتي تَدْفَعُ بِها أَيْنَما شاءَت، تارَةً بِعُنْفٍ وَتارَةً أُخْرى بِلُطْفٍ. وَرَغْمَ أَنَّها لَيْسَت رَبَّةَ سَبيلِها فَإِنَّها تَأْخُذُ الْأُمورَ بِنَشْوَةٍ فَتَجْدِفُ وَكَأَنَّها تَسْبَحُ. وَذاتَ يَوْمٍ أَخَذَتْها الرّيحُ في اتِّجاهِ الْجَنوبِ، فَقابَلَتْها مَناظِرٌ جَديدَةٌ، كُلُّها مُعاكِسَةٌ لِما اعْتادَتْهُ. إِنَّها أَراضٍ تَنْعَدِمُ فيها الْخُضْرَةُ، جافَّةٌ وَعارِيَّةٌ مِنْ نَباتٍ. اقْتَرَبَتْ حَتَّى تَتَأَكَّدَ مِنْ حَقيقَةِ الْمَشْهَدِ. وَفَجْأَةً سَمِعَت صَوْتًا وَكَأَنَّهُ تَوَسُّلٌ فاهَتْ بِهِ نَبْتَةٌ أَنْهَكَتْها أَشِعَّةُ الشَّمْسِ. إِنَّها تَئِنُّ مِنَ الْعَطَشِ. وَما أَنْ أَدْرَكَتِ السَّحابَةُ الصَّغيرَةُ ذَلِكَ حَتَّى اعْتَصَرَتْ لِتُفْرِجَ عَنْ مَخْزونِها مِنَ الْماءِ. لَكِنْ، يا لَلْأَسَفِ إِنَّها قَطَراتٌ هَزيلَةٌ، وَمَعَ ذَلِكَ أَنْعَشَتِ النَّبْتَةَ الْبائِسَةَ.

Die kleine Wolke setzt ihre Reise fort. Kummer macht ihr das Herz schwer. Es macht sie traurig, dass die Erde solche Härten ertragen muss. Der Sand bildet in der trockenen Wüste große und kleine Dünen, die sich wie Wellen ineinander schieben. Eine solche Ödnis, so ohne jedes Leben, hat die kleine Wolke noch nie zuvor gesehen.

واصلت
السّحابةُ
الصّغيرةُ سفرها
والحسرة تُمَزِّقُ قَلْبها،
تأسفت لِمَا تُعَانيهِ هَاتِهِ الأرْضُ مِنْ
قَسَاوَةٍ، انها صحْراء قاحِلَة تَتَكَاثَرُ فيها
الرِمال وَكَأنَّها مَوْجُ الْبَحْرِ. حَقًّا لم تكن تتوقع
وجود هاته الأراضِ الخالية مِنْ كُل حَياةٍ.

Als die kleine Wolke über armselige Hütten fliegt und die vielen ausgemergelten Kindern sieht, tritt Traurigkeit anstelle des Erstaunens. Beim Anblick dieses Leids muss die kleine Wolke an den Reichtum des Nordens denken, an die grünen Weiden mit ihren Milch spendenden Kühen, die wohl genährten Einwohner, und ihre Wut wird größer und größer. Sie weint bitterlich. Eine Träne, groß wie ein Maiskorn, fällt auf den Kopf eines spielenden Kindes, das überrascht ausruft: „Es regnet! Es regnet!"

حَلَّتِ الْكَآبَةُ مَحَلَّ الِانْدِهَاش حين حَلَّقَتْ فَوْقَ الأكْواخِ الْمُعْوِزَةِ الّتي تَعُجُّ بِالأطْفالِ ذَوي الأجْسامِ الهَزيلةِ... أمامَ هَذِهِ الْمَأساةِ، اسْتَحْضَرَتِ السَّحابةُ الصَّغيرةُ رَفاهِيةَ الشَّمالِ بِمَراعيها الْخَضْراءِ وأبْقارِها الحَلوبِ وَساكِنَتِها السَّمينةِ، فازْدادَ غَضَبُها. بَكَتْ مِن كَثْرَةِ تأثُّرِها فألْقَتْ بِدَمْعَةٍ كَبيرَةٍ وكَأنَّها حَبّةُ ذُرَةٍ، وَما أنْ سَقَطَتْ فَوْقَ رَأسِ طِفْلٍ كان يَلْعَبُ حَتّى صاحَ: «المَطَرْ! المَطَرْ!»

وفجأةً غَمَرَتِ الْفَرْحَةُ وجوهَ الأطفال، فَرَفَعُوا أَعْيُنَهُمْ نَحْوَ السَّماءِ، حَتَّى الْحَيَواناتُ قَلَّدَتْهُمْ وَعايَنَتِ السَّحابَةَ الصَّغيرَةَ. حَزِنَتْ هاتِهِ الأخيرَةُ وَاغْتاظَتْ مِنْ شُؤْمِ هذا الْبَلَدِ. لو كانَ بَطْنُها مَليئًا بِالماءِ لأَغْرَقَتْهُ أَمْطارًا. يا لَلْأَسَفِ! ابْتَعَدَتِ السَّحابَةُ الصَّغيرَةُ وَتَبَخَّرَتْ مَعَها آمالُ الأطفال، قَلِقَتْ كَثيرًا وَلَمْ تَرْتَحْ لِمَصيرِهِمْ. تَرَكَتْهُمْ وَبِداخِلِها وَعْدٌ.

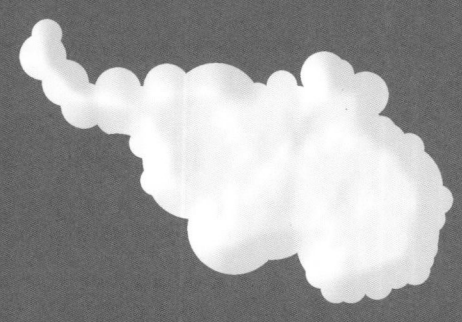

Doch genauso schnell schwindet die Freude wieder aus den Gesichtern der Kinder und sie heben die Augen zum Himmel. Sogar die Tiere ahmen sie nach und entdecken die kleine Wolke. Sie ist traurig und wütend über das Elend in diesem Land. Wenn ihr Bauch voll Wasser wäre, könnte sie es regnen lassen. Aber ach, da wird sie auch schon fortgetrieben, und die Hoffnungen der Kinder lösen sich in Luft auf. Die kleine Wolke ist sehr besorgt und findet keine Ruhe. Sie nimmt sich fest vor, wiederzukommen.

So beginnt die lange Reise der kleinen Wolke. Sie mischt sich unter die schwarzen Regenwolken, die ihr sonst solche Angst einflößen und erzählt ihnen, was sie im Süden des Landes gesehen hat: Wie arm die Bewohner, wie elend die Kinder, wie abgemagert die Tiere sind. Und dass es keine grünen Pflanzen gibt … Die kleine Wolke bricht in Tränen aus. Die anderen Wolken hören ganz still zu und sind von den Schilderungen ganz betroffen. Sie schließen sich der kleinen Wolke an und nehmen hinter ihr Aufstellung. Eine solche Wolkenmasse hat man noch nie gesehen! Wie eine riesige Karawane brechen die schwarzen Wolken nach Süden auf. Aber der Wind hat anderes im Sinn. Er treibt sie in die entgegengesetzte Richtung. Die kleine Wolke bittet ihre Kameraden, sich nicht zu widersetzen, sondern sich dem Wind hinzugeben.

هَكَذا بَدَأَتْ رِحْلَتَها الطَّويلَة. تَخَلَّتْ عَنْ عُزْلَتِها وَاخْتَلَطَتْ بِالسُّحُبِ الأُخْرى حَتَّى تِلْكَ السَّوْداءِ المُمْطِرَةِ الَّتي كانَتْ تَتَضايَقُ مِنْ رُؤْيَتِها. حَكَتْ لَهُمْ ما عايَنَتْهُ في تِلْكَ الأَرْضِ، وَوَصَفَتْ فَقْرَ السُّكّانِ، وَحالَةَ الأَطْفالِ المُزْرِيَةِ، وَهَزالَةَ الماشِيَةِ وَخلو مُحيطِها مِنْ كُلِّ نَباتٍ … بَكَتِ السَّحابَةُ الصَّغيرَةُ وَفُوجِئَ الجَميعُ بِصِدْقِ أَقْوالِها، فَمَشَتْ وَراءَها السُّحُبُ الأُخْرى. إنَّهُ حَشْدٌ كَبيرٌ مِنَ السُّحُبِ لَمْ يُشْهَدْ لَهُ مَثيلٌ. سُحُبٌ كُلُّها سَوْداءُ شَكَّلَتْ قافِلَةً ضَخْمَةً كَسَتِ السَّماءَ، وَشَدَّتِ الرِّحالَ نَحْوَ الجَنوب. لَكِنَّ الرِّياحَ تَجْري بِما لا تَشْتَهي السُّحُبُ فَعَصَفَتْ بِالْقافِلَةِ في اتِّجاهٍ مُعاكِسٍ. طلبت السحابة الصغيرة من زميلاتها أن تُسَلِّم أمرها و أن لا تقاوم الريح.

So fliegen sie erst in den grünen Norden. Die Bewohner dort freuen sich gar nicht über ihren Anblick. Sie lächeln erst, als sie merken, dass es nicht zu regnen beginnt. Denn die Wolken sparen ihr kostbares Nass für die armen Gegenden des Landes auf. Das ist eine schwierige Aufgabe, aber es gelingt ihnen, keinen einzigen Tropfen zu vergießen. Der Weg ist lang, er zieht sich über Berge und Meere hin. So wie kleine Boote im Meer segeln, so bemühen sich die Wolken, dem Wind standzuhalten. Im Zickzack fliegen sie auf und ab, damit der Wind sie nicht zu fassen bekommt. Endlich lässt der Wind nach, doch das ist auch nicht gut. Die Wolken ruhen auf der Stelle; Langeweile und Verdruss machen sich breit. Die Wolken haben Angst, zu spät zu kommen. Doch die Größeren und Erfahrenen beruhigen die kleinen Kameraden. Und tatsächlich kommt nach einigen Tagen neuer Wind auf und stößt die Karawane vorwärts. Wie freuen sich die Wolken, dass sie sich endlich dem Ziel nähern!

حَلَّقَتْ فَوْقَ أَرَاضِي الشَّمَالِ الْخَضْرَاءِ فَاشْمَأَزَّتِ السَّاكِنَةُ لِرُؤْيَتِهَا ثُمَّ ابْتَسَمَتْ لِأَنَّهَا لَمْ تُمْطِرْ، بل احتفظت بمخزونها لتلك الأراضِ الفقيرة. كانت واعية بصعوبة مهمتها و مع ذلك لم يُصبها ذعر.

طالَتْ الطَّرِيقُ فَمَرَّتْ فَوْقَ الْجِبَالِ وَالْبِحَارِ. إنّها تشبِهُ الـزَّوارِقَ التي تُقاوِمُ الرِّيحَ، تُناوِرُ وتَتَعَرَّجُ لتُفلِتَ من قَبْضَتِها. طال السفر وسَقطت الرِّيحُ فجمدت السُّحُبُ. غمرها الملل والضجر خشيةً من أن تُخْلِف ميعادَها. تدخَّلَت كِبارُ السُّحُبْ فَطمْأَنَت زَميلاتِها الصُّغْرى، وَبَعْدَ أيّامٍ قَليلَةٍ عَصَفتِ الريحُ مِنْ جَديدٍ وَدَفَعَتْ بِالقافِلَةِ إلى الأمامِ. اسْتَبْشَرَتْ هاتِه الأخيرَةُ وسَعِدَتْ بِاقْتِرابِ الهَدَفِ.

Als sie ihr Ziel in der Wüste erreichen, verdunkeln sich die Gesichter der Wolken, so erschrocken sind sie über die Armut und Dürre der Erde. Sie ballen sich zusammen und öffnen rasch ihre Bäuche, um die Erde mit Wasser zu überfluten. Der Regen fließt in Strömen, als ließe der Himmel Maiskörner zu Boden prasseln. Die Wolken entleeren all ihre Speicher und tränken den Ort mit Wasser. Schlagartig verändert sich das Land: Die Kinder lachen vor Freude und spielen in den Pfützen.

Während die kleine Wolke den Heimweg antritt, machen sich die Menschen an die Arbeit. Einer pflügt den Boden, ein anderer treibt das Vieh vor sich her. Das viele Wasser muss schnell genutzt werden, damit in Zukunft alles besser wird.

وعِنْدَ وُصولِها مقصدَها، اسْوَدَّتْ وُجوهُها من شِدَّةِ الدَّهْشَةِ، إنَّها أَرْضٌ فقيرةٌ وقاحِلَةٌ. اصْطَدَمَتِ السَّحْبُ بَيْنَها وسارَعَتْ لإفراغ بُطونِها، فَأَغْرَقَتِ الأَرْضَ ماءً. ظَلَّ الْمَطَرُ يَهْطِلُ بِغزارَةٍ وكَأَنَّ السَّماءَ تَطْرُقُ الأَرْضَ حُبوبًا. أَفْرَغَتِ السحبُ كُلَّ مَخْزونِها وأَشْبَعَتِ الْمكانَ ماءً. وفَجْأَةً تَغَيَّرَ الْبَلَدُ، ضَحِكَ الأَطْفالُ، ولَعِبُوا في الْبِرَكِ، وابْتَسَمَتِ الْكائِناتُ الأخرى ...

وبينما هي تغادرُ المكانَ، شَرَعَ النَّاسُ في الْعَمَلِ، مِنْهُمْ مَنْ يَفْلِحُ الأَرْضَ ومنهم مَنْ يَسوقُ ماشِيَتَهُ، حضرَ الْماءُ فَبادَرُوا جادّينَ لِغَدٍ أَفْضَلٍ.

Viele Jahre später überkommt die kleine Wolke Sehnsucht, und sie beschließt, sich erneut auf die Reise in den Süden zu machen, über Wälder und Ebenen hinweg. „Gewiss hat sich in diesem Land alles zum Guten gewendet", denkt sie. Wieder ist die Reise lang und mühsam, und wieder stellt sich der Wind quer.

مَرّ وَقْتٌ طَويلٌ. اشتاقَتِ السَّحابَةُ الصّغيرَةُ إلى ذَلِكَ البَلَدِ، وغَمَرَها الحَنينُ، فَشَدَّتِ الرِّحالَ مِنْ جَديدٍ مُحَلِّقَةً فَوْقَ الغاباتِ والأراضي. «لاشكَّ أنَّ مَصيرَ ذَلِكَ البَلَدِ قد تَحَسَّنَ»، هكَذا كانَتْ تَتَوَقَّعُ السَّحابَةُ الصغيرَةُ. دامَ سَفَرُها وكانَ أكْثَرَ صُعوبَةً مِنْ سابِقيهِ لأنَها لَمْ تَكُنْ مُصْطَحَبَةً بأصْدِقائِها. قاوَمَتِ الرّيحَ مِنْ جَديدٍ.

Als sie sich endlich dem Ziel nähert, bemerkt sie, dass der sonst leere Weg voller Bewegung ist. Männer, Frauen und Kinder schleppen sich auf wunden Füßen und gebeugten Körpern dahin. Hinter sich ziehen sie das Vieh her. Welche Katastrophe ist wohl über sie hereingebrochen? Je näher die kleine Wolke kommt, desto dichter werden die Menschenmassen, Heerscharen sind zu Fuß unterwegs. Rauch steigt über den zerstörten Hütten auf, die Tiere brüllen vor Angst. Ein Krieg hat das Land zerstört und die Bewohner zu Flüchtlingen gemacht. Die kleine Wolke kann ihren Augen nicht trauen. Aber der Anblick der ausgemergelten, hungrigen Kinder lässt keinen Zweifel zu. Einige stützen sich schwankend auf ihre Eltern, andere irren auf der Suche nach Verwandten inmitten dicker Staubwolken umher. Die kleine Wolke ist tief betroffen.

وعِنْدَ اقْتِرابِها مِنْ هَدَفِها لاحَظَتْ أنَّ الطريقَ التي ألِفَتْها فارغة بَدَتْ تَعُجُّ بالحَرَكة. هُناك رجالٌ ونِساءٌ وأطْفالٌ يَقودونَ مَواشِيَهُمْ، يَجُرّونَ أقْدامَهُمْ وأجْسامَهُمْ مُقَبَّبةً وكأنَّهُمْ أُصيبوا بِكارِثة. ومَعَ اقْتِرابِ المَكان ازدادَ عَدَدُهُمْ لِيُصْبِحوا قَوافِلَ. إنَّهُ طابورٌ مِنَ النَّازِحينَ. ارْتَفعَ الدُّخانُ مِنْ فَوقِ الحُقولِ التي تَلْتَهِمُها النِّيرانُ، وهَرَعَتِ الماشيةُ خوفًا على نَفْسِها. إنَّها الحَرْبُ ومَأْساتُها، اجْتاحَتْ هذا البَلَدَ ورَمَتْ بِسُكَّانِهِ في الطَّريق.

لَمْ تُصَدِّقِ السَّحابةُ الصَّغيرةُ، لكِنَّ مَشْهَدَ الأطْفالِ الجِياعِ المَنْهوكي القِوى عَصَفَ بِشُكوكِها، البَعْضُ يَتَأرْجَحُ بَيْنَ الكِبارِ بَحْثًا عَنْ أقْرِبائِهِ، والبَعْضُ الآخَرُ تائِهٌ وَسَطَ الغُبارِ الكَثيف.

إنَّهُ الخَرابُ.

حزنت السّحابةُ الصّغيرةُ وظلت مذهولة أمام هذا المشهد المؤلم. اقْتَرَبَتْ مِنْ مَجْموعَةٍ مِنَ النِّساءِ والأَطْفالِ، أَقْدامُهُمْ تَلْتَهِمُ غُبارَ الطّريق وتلهت من شدة التّعب، فَحَمَتْهُمْ مِنْ ضَربةِ الشَّمْسِ، صَاحَبَتْهُمْ بِظلِّها في هِجْرَتِهمْ إِلى أَراضٍ أَكْثَرَ طُمَأْنينَةً ...

Fassungslos von diesem traurigen Anblick fliegt die kleine Wolke weiter. Da sieht sie eine Gruppe Frauen mit Kindern. Müde und erschöpft schleppen sie sich den staubigen Weg entlang. Die kleine Wolke kann nichts anderes tun, als sie vor den Strahlen der Sonne zu schützen und zu begleiten, bis sie ruhigere Gegenden erreichen ...

Die Wut der kleinen Wolke

Eine Geschichte aus der Wüste

von

Habib Mazini / حبيب مزيني (Text)
Alexis Logié / ألكسيس لوجيه (Illustrationen)
Imke Ahlf-Wien (Übersetzung aus dem Arabischen)

3. Auflage 2016
© 2011 by Edition Orient / www.edition-orient.de
Die arabisch-französische Originalausgabe erschien 2005
unter dem Titel »La colère de P'tit nuage« / «غضبة السحابة الصغيرة»
© 2005 by Éditions Marsam, Rabat. All rights reserved.

Lektorat: Birgit Mader
Satz und Layout: Orient-X-Press, Berlin
Druck und Bindung: Grafisches Centrum Cuno, Calbe

ISBN 978-3-922825-77-7

Die Übersetzung aus dem Arabischen wurde mit Mitteln des Auswärtigen Amtes unterstützt durch litprom – Gesellschaft zur Förderung der Literatur aus Afrika, Asien und Lateinamerika e.V.